Nicole Weber

Getreide

Spannende Materialien für einen abwechslungsreichen Unterricht

PERSEN

Die Autorin

Nicole Weber arbeitet als Grundschullehrerin in Niedersachsen und veröffentlichte bereits zahlreiche Unterrichtsmaterialien für die Grundschule.

Gedruckt auf umweltbewusst gefertigtem, chlorfrei gebleichtem und alterungsbeständigem Papier.

2. Auflage 2019

Illustrationen: Katharina Reichert-Scarborough (Hauptillustratorin), Mele Brink (Getreidesorten S. 6, 35), Marion El Khalafawi (Sense S. 29, 31; Brot S. 35), Anke Fröhlich (Getreidekorn-Querschnitt S. 8, 31, 37, 39; Getreide-Ähren S. 20; Pflügen mit Pferd S. 21), Barbara Gerth (Brot S. 29, 30, 35; Dreschflegel S. 29, 31), Alexandra Hanneforth (Mehl S. 8, S. 26)

Satz: Typographie & Computer, Krefeld

ISBN: 978-3-403-20124-3

www.persen.de

Inhaltsverzeichnis

Vorwort und Hinweise ... 4

Gedankenschwarm zum Thema „Getreide“ ... 6

Das Getreidekorn ... 7

Die Getreidepflanze ... 9

Getreidearten-Infoboxen ... 10

Getreidearten-Karten ... 14

Wie Getreide wächst ... 17

Der Anbau von Getreide früher und heute ... 20

Brot – ein wichtiges Nahrungsmittel ... 22

Produkte aus Getreide ... 23

Die Herstellung von Getreideprodukten in der Bäckerei ... 24

Keimversuch mit Getreide ... 26

Verschiedene Mehltypen ... 27

Getreide-Rechnereien ... 29

Rezepte: Haferstangen und Stockbrot ... 30

Getreide-Domino ... 31

Getreide-Rätsel ... 32

Spielideen mit Bildkarten ... 33

Quiz für zwei ... 34

Aktionen rund um das Thema „Getreide“ ... 36

Lernzielkontrolle ... 37

Fachbegriffe zum Thema Getreide ... 39

Material auf der CD:

- Alle Arbeitsblätter
- Lösungen
- Hilfekarten für die Arbeitsblätter
- Zusatzmaterial:
  - Mein Getreide-Lapbook
  - Übersicht: Der Getreidanbau
  - Übersicht: Vom Korn zum Brot
  - Urkunde

Hinten im Buch finden Sie eine zusätzliche Daten-CD mit editierbaren Kopiervorlagen im Word-Format sowie die Lösungen zu den Arbeitsblättern.

Vorwort und Hinweise

Täglich kommen wir mit vielen Nahrungsmitteln aus Getreide in Kontakt. Wir essen Brot und Brötchen und oft ist uns gar nicht klar, was in den Brötchen steckt oder wie sie hergestellt wurden. Teigwaren sind für uns zur Selbstverständlichkeit geworden.

Doch woher kommt das Brot, und woraus besteht es? Viele Kinder wissen nicht, dass Brot und Brötchen aus Getreide hergestellt werden. Sie erkennen auf Fotos oder bei Fahrten über Land keine Getreidefelder. Auch über das Wachstum der Pflanzen wissen sie zum Teil nur wenig.

Daher ist es wichtig, Kindern zu zeigen, was in unseren Nahrungsmitteln steckt. Auch die Fragen, wie wir mit den Nahrungsmitteln verfahren und wie wir uns gesundheitsbewusst ernähren, sollten mit Kindern besprochen werden.

Hinweise zum Aufbau und Einsatz dieses Themenheftes

Dieses Themenheft bietet Ihnen unterschiedliche Materialien für die 1. bis 4. Klasse zum Thema Getreide. Jedes Arbeitsblatt steht für sich, sodass Sie das Material unabhängig und individuell nach den Bedürfnissen Ihrer Klasse einsetzen können.
Auf den jeweiligen Arbeitsblättern müssen die Schüler[1] zum Teil Wissen aus unterschiedlichen Fächern anwenden, sodass das vernetzte Lernen ganz natürlich gefördert wird.

Aufgaben, die mit einem Stern versehen sind, kennzeichnen anspruchsvollere Arbeitsaufträge. Diese können zur qualitativen Niveaudifferenzierung eingesetzt werden.

Außerdem enthält dieses Themenheft Arbeitsblätter mit besonderen Schwerpunkten, die Sie an folgenden Symbolen erkennen:

Projekt

Spiel

Rätsel

Experiment

Interview

Am Ende dieses Heftes finden Sie außerdem eine Liste mit den wichtigsten Fachbegriffen als Hilfe für schwächere Schüler sowie eine Lernzielkontrolle mit Fragen zum Inhalt des gesamten Heftes.

Inhalte der CD

Hinten im Buch finden Sie eine zusätzliche Daten-CD. Sie enthält

- die Arbeitsblätter dieses Heftes im editierbaren Word-Format, sodass Sie die Arbeitsblätter selbst anpassen können,
- die Lösungen zu den Arbeitsblättern (PDF),
- Zusatzmaterial.

1 Wir sprechen hier wegen der besseren Lesbarkeit von Schülern bzw. Lehrern in der verallgemeinernden Form. Selbstverständlich sind auch alle Schülerinnen und Lehrerinnen gemeint.

Vorwort und Hinweise

Tipps für die Praxis

- Wenn möglich, besuchen Sie mit den Schülern eine Bäckerei in der näheren Umgebung der Schule.
- Der Einstieg in das Thema kann gut anhand eines Gedankenschwarms geschehen. Auch ein Kugellager bietet sich an. Die Methode des Kugellagers kann durchaus auch zur Wiederholung einzelner Aspekte, z. B. zur Wiederholung des Getreideanbaus, genutzt werden.
- Die Texte auf den Arbeitsblättern sind teilweise etwas länger, sodass auch stärkere und ältere Schüler entsprechend gefordert werden. Leistungsschwächeren Schülern können diese Texte z. B. von einem Partner vorgelesen werden. Außerdem gibt es für die leistungsschwächeren Schüler Tipps, die gekennzeichnet sind. Sie können sich dann zu einzelnen Aufgaben Hilfekarten holen.
- Zum Ende der Einheit können die Schüler ein Lapbook basteln, in dem sämtliche Arbeitsergebnisse festgehalten werden. Für das Getreide-Lapbook müssen die Vorlagen mehrfach kopiert werden. Zudem wird ein Bogen Pappe im DIN-A3-Format für jeden Schüler benötigt.
- Auch das Sammeln der Ergebnisse in einem Getreideheft oder in einer Getreidemappe ist möglich.
- Das vorliegende Material kann mit einem geringen Zeitaufwand auch als Lernstationen angeboten werden. Dafür müssen die Arbeitsblätter Stationen-Überschriften erhalten und es sollte ein kleiner Laufzettel angefertigt werden.

Gedankenschwarm zum Thema „Getreide“

Schreibe alles, was dir zum Thema „Getreide“ einfällt, um das Wort herum.

Tipp: Denke auch daran, was aus Getreide alles hergestellt werden kann.

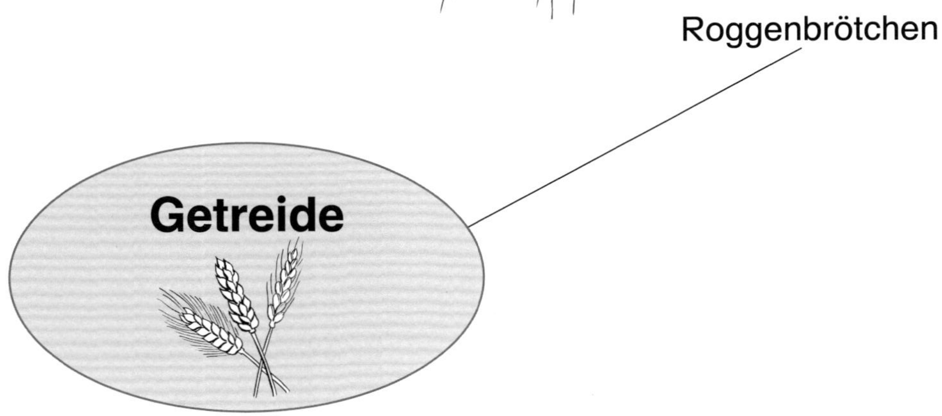

Das Getreidekorn

1. **Nimm dir ein Getreidekorn und schneide es ganz vorsichtig durch. Du solltest es der Länge nach durchschneiden.**
2. **Schaue dir das Getreidekorn mit der Lupe genau an.**
3. **Zeichne das Getreidekorn.**

4. **Lies den Text.**

Das Getreidekorn

Damit wir verstehen, wie wir aus Getreide Mehl machen können, müssen wir wissen, woraus das einzelne Getreidekorn überhaupt besteht. Jedes Getreidekorn hat drei wichtige Bestandteile: die Schale, den Keimling und den Mehlkörper. Egal von welcher Getreideart – alle Körner haben die gleichen Bestandteile.

Die Schale: Sie besteht aus mehreren kleinen Schalenhäutchen und schützt das, was sich im Inneren des Kornes befindet. In der Schale befinden sich außerdem viele Vitamine und Mineralstoffe.
Die Schale wird während des Mahlens entfernt. Nur beim Vollkornmehl bleibt die Schale im Mehl enthalten. Darum ist das Mehl auch etwas dunkler. Vollkornmehl enthält deshalb mehr Vitamine und Mineralstoffe als weißes Mehl.
Die abgetrennte Schale wird als Kleie verkauft und oft als Tierfutter verwendet.

Der Mehlkörper: Den größten Teil des Getreidekorns bildet der Mehlkörper. Im Mehlkörper steckt sehr viel Stärke, darum kann man Mehl gut für das Backen verwenden. Das Mehl im Mehlkörper wird beim Mahlen gewonnen.

Der Keimling: Damit aus einem Korn eine neue Pflanze wachsen kann, befindet sich im Korn ein Keimling, der alles in sich trägt, um eine neue Pflanze heranwachsen zu lassen. In ihm stecken Eiweiße, Vitamine, Mineralstoffe und Fette. Du kannst den Keimling in einer äußeren Ecke des Korns finden.

5. Beschrifte das Getreidekorn.

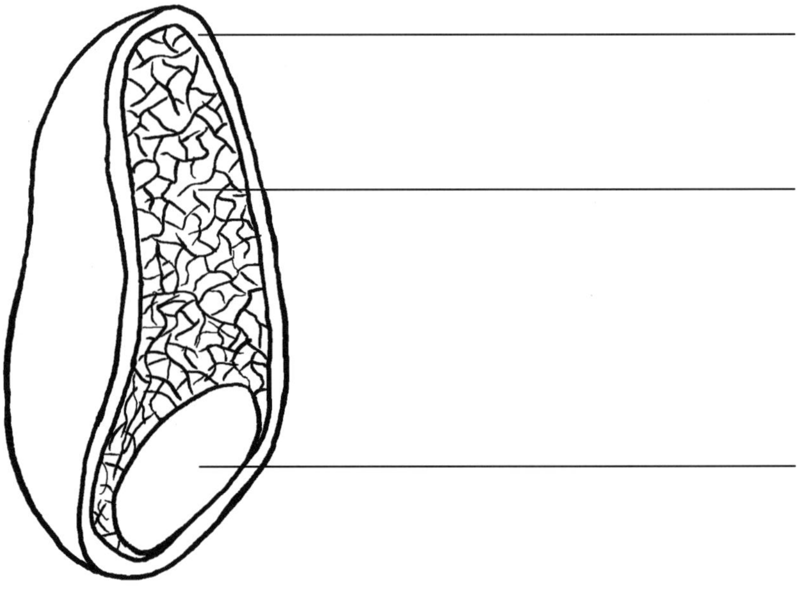

Die Getreidepflanze

1. Lies die Texte in den Kästchen.

2. Verbinde die Kästchen mit den jeweiligen Bestandteilen der Getreidepflanze.

An den Ähren wachsen die Körner in einer Spelze.

Eine Getreidepflanze besitzt einen Halm.

Die Stängelknoten geben dem Halm Halt.

Eine Spelze kann, je nach Getreideart, lange Grannen haben.

Oben am Halm wachsen die Ähren.

Eine Spelze umhüllt das Korn.

Die Getreidepflanze hält sich mithilfe von Wurzeln in der Erde fest. Die Wurzeln versorgen die Pflanze mit Nährstoffen.

Am Halm wachsen Blätter.

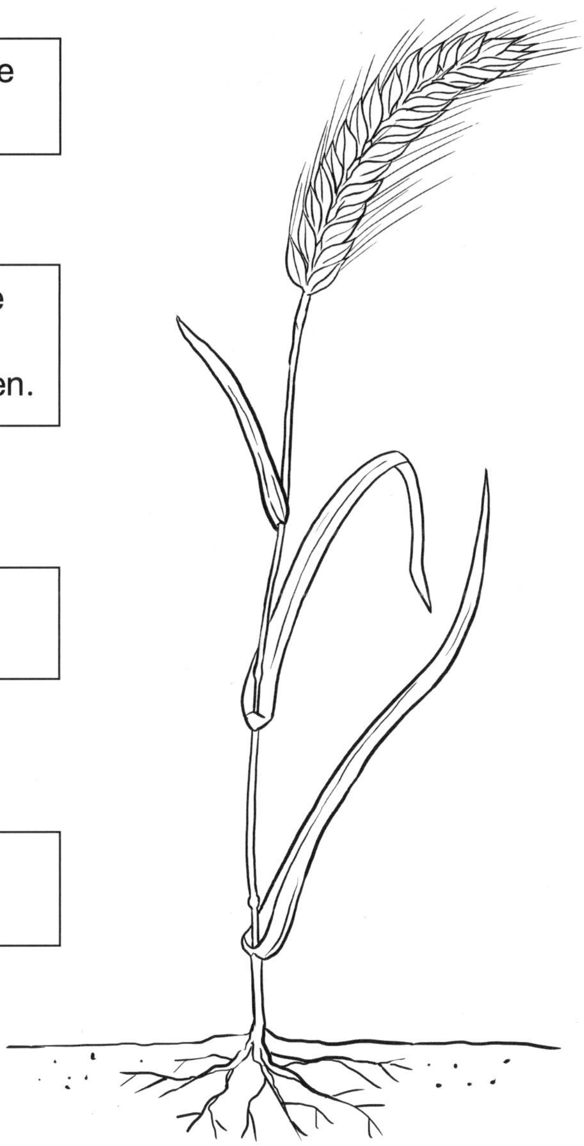

3. Zeichne eine Gerstenpflanze und eine Haferpflanze ab und beschrifte sie.

Getreidearten-Infoboxen

1. Lies die Texte zu den einzelnen Getreidearten.

2. Unterstreiche wichtige Inhalte in den Texten.

Tipp: Hole dir die Hilfekarten von deinem Lehrer.

Weizen

Der Weizen zählt zu den beliebtesten Getreidearten, da er weißes Mehl liefert. Die meisten Getreidebauern bauen Weizen an. Es gibt viele verschiedene Weizenarten. Weizen ist leicht zu erkennen, da er nur ganz kurze Grannen hat. Die Ähre ist etwas dicker und vierkantig. In jeder Ähre wachsen 20 bis 40 Körner. Die Pflanze kann eine Höhe von einem Meter erreichen. Aus Weizen werden viele verschiedene Brot- und Brötchensorten hergestellt. Diese Getreideart eignet sich auch gut für das Backen von Kuchen und Keksen. Das liegt daran, dass im Weizen Gluten steckt, das ist eine Art Kleber. Dadurch wird der Teig von Kuchen und Keksen besonders gut.
Es gibt auch den Hartweizen. Er hat eine bessere Kochfestigkeit als Weichweizen und ist daher besonders gut zur Herstellung von Nudeln geeignet.
Die Erntezeit vom Weizen ist im Juli und August. Bei uns wird er überwiegend angebaut. Er bringt hohe Kornererträge und ist daher so beliebt.
Wir unterscheiden zwischen Winterweizen und Sommerweizen.
Der Winterweizen wird bereits im Herbst des Erntevorjahres ausgesät und der Sommerweizen erst im Frühjahr des Erntejahres. In Deutschland wird überwiegend der Winterweizen angebaut.

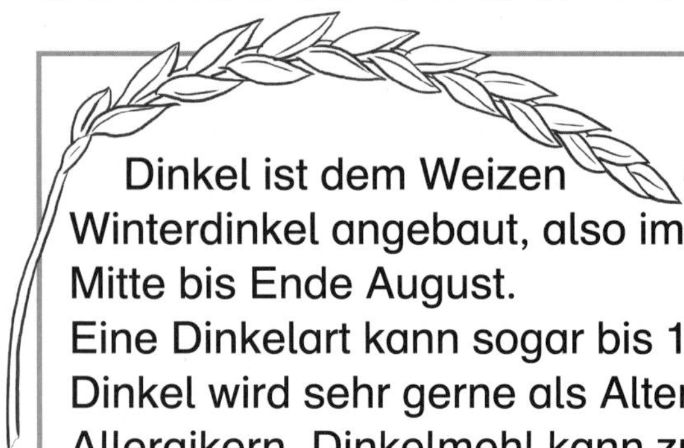

Dinkel

Dinkel ist dem Weizen ähnlich und eng mit ihm verwandt. Er wird als Winterdinkel angebaut, also im Herbst des Vorjahres ausgesät. Die Erntezeit ist Mitte bis Ende August.
Eine Dinkelart kann sogar bis 1,80 m hoch werden.
Dinkel wird sehr gerne als Alternative zum Weizen verwendet, gerade auch von Allergikern. Dinkelmehl kann zum Backen von Broten verwendet werden, aber auch Nudeln können aus Dinkelmehl hergestellt werden.

Hirse

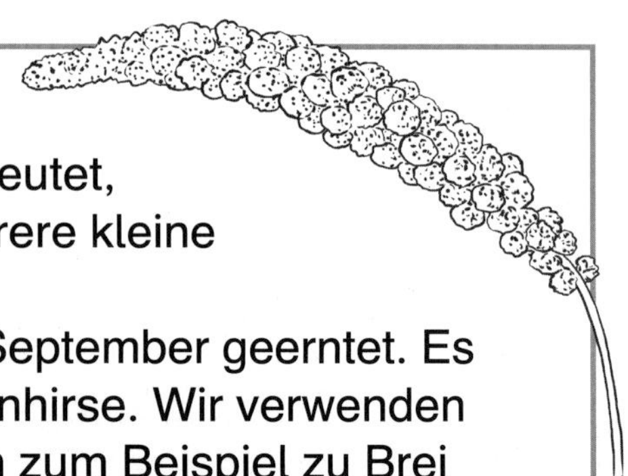

Die Hirsepflanze hat eine Rispe und keine Ähre. Das bedeutet, dass die Hirse kleine verzweigte Äste hat, an denen mehrere kleine Körner in Form einer Traube sitzen.
Hirse kann bis zu einen Meter hoch werden und wird im September geerntet. Es gibt verschiedene Hirsearten wie Kolbenhirse oder Rispenhirse. Wir verwenden meist die „Goldhirse". Diese ist bereits geschält. Sie kann zum Beispiel zu Brei verarbeitet werden.
Hirse wird auch als Vogelfutter verwendet.

Getreidearten-Infoboxen

Hafer

Die Haferpflanze besitzt, wie auch die Hirse und der Reis, keine Ähre, sondern eine Rispe. An dieser Rispe sitzen kleine Äste. An ihren Spitzen befinden sich kleine Ährchen, in denen die länglichen Körner in einer Spelze sitzen.
Die Pflanze kann bis zu 1,5 m hoch werden. Die Erntezeit ist Ende August. Hafer ist sehr nährstoffreich, hat also viele Vitamine, Mineralstoffe und Fette. Aus Hafer werden Haferflocken gemacht und auch Mehl. Früher ernährten sich viele Menschen von Hafer in Form von Brei.
Hafer wird außerdem als Tierfutter verwendet, z. B. für Pferde.

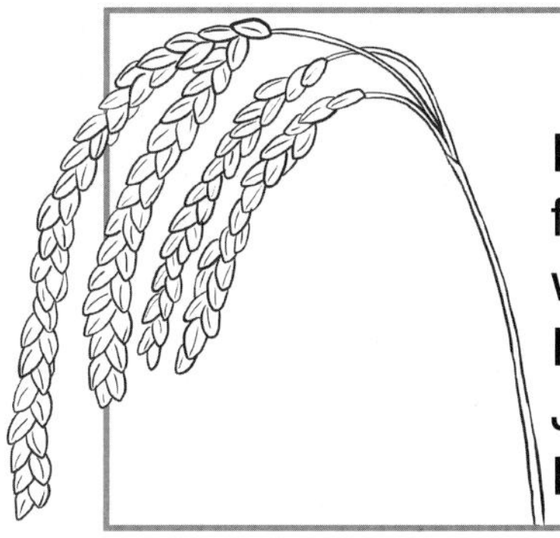

Reis

Reis wächst bei uns leider nicht. Er wird in Sümpfen, also im flachen Wasser, angebaut. Die Pflanze kann bis zu 1,50 m hoch werden und hat, genau wie der Hafer und die Hirse, Rispen. Die Rispe hat kleine verzweigte Äste, an denen die Körner sitzen.
Je nach Reisart benötigt eine Pflanze drei bis acht Monate, bis der Reis geerntet werden kann. Reis ist ein sehr wichtiges Getreide.

Triticale

Triticale ist eine Züchtung aus Weizen und Roggen. Es ist eine ganz neue Getreideart. Sie wurde gezüchtet, weil man die guten Erträge vom Weizen mit den robusten Pflanzen des Roggens verbinden wollte. Das hat funktioniert. Die Pflanze wird bei uns als Wintertriticale, also im Herbst des Erntevorjahres, angebaut und die Erntezeit ist von Ende Juli bis Anfang August. Die Ähren sind vierkantig und die Grannen sind 3 bis 5 cm lang. Die Pflanze kann 50 cm bis 1,25 m groß werden. Die Körner der Pflanze werden als Tierfutter verwendet.

Roggen

Ein Roggenfeld lässt sich gut erkennen, denn der Roggen ist grünlich-grau. Die Ähre ist vierkantig, sie hat etwas längere Grannen und ist ein wenig nach unten geneigt. Die Ähre kann 5 bis 20 cm lang werden. Die Körner sind länglich. Die Pflanze kann bis zu 2 m hoch werden.
Bei uns wird hauptsächlich Winterroggen angebaut. Die Aussaat erfolgt dann im Herbst. Der Roggen ist relativ anspruchslos und wächst gut. Er kann einiges aushalten. Die Erntezeit ist von Mitte Juli bis Ende August. Das aus Roggen hergestellte Mehl ist etwas dunkler. Aus Roggen wird überwiegend Brot hergestellt, oft Schwarzbrot.

Getreidearten-Infoboxen

Gerste

Gerste ist höchstwahrscheinlich die älteste Getreideart. Sie ist sehr leicht an ihren langen Grannen zu erkennen. Die Grannen sind länger als die Ähre selbst, etwa 8 bis 15 cm lang. Es gibt zweizeilige und mehrzeilige Ähren, es wachsen also zwei oder mehr Reihen Körner an einer Ähre. Die Körner sitzen fest in den Spelzen. Körner und Spelzen sind miteinander verwachsen und es ist aufwendiger, sie voneinander zu trennen.

Gerste wird ca. 60 cm bis 1,20 m hoch. Geerntet werden kann sie im August. Gerste wird zur Herstellung von Bier benutzt und als Tierfutter verwendet. Zum Backen ist sie weniger geeignet.

Mais

Die Maispflanze sieht ganz anders aus als alle anderen Getreidearten. Die Pflanze ist sehr groß, sie kann bis zu drei Meter hoch werden. Mais hat am Ende des Halmes, der sehr dick ist, einen Kolben, an dem die Maiskörner wachsen. Geerntet wird im September und Oktober.
Mais wird bei uns überwiegend als Tierfutter eingesetzt. Aber auch zur Herstellung von Popcorn oder Cornflakes wird Mais verwendet.
Außerdem essen viele Menschen gerne die frischen Maiskörner.

3. Fertige Infokarten zu den einzelnen Getreidesorten an. Du kannst die Vorlage auf der nächsten Seite dafür verwenden.

Klebe ein Korn, ein Korn mit Spelze oder Pflanzenteile in das dafür vorgesehene Kästchen.

Zeichne die Pflanze.

4. Suche dir eine Getreideart aus, informiere dich über diese Getreideart in Büchern und im Internet und fertige ein Plakat dazu an.

5. Schneide aus Prospekten Produkte aus, in denen die Getreideart vorkommt und klebe sie zum Plakat.

Infokarte zur Getreideart

Klebe hier ein Korn auf:

Zeichne die Pflanze:

Aussehen der Pflanze:

____

____

____

____

Größe der Pflanze: ____________________

Erntezeit: ______________________________________

Nutzen der Pflanze:

____

____

____

____

____

____

Getreidearten-Karten

1. **Schneide die Bild- und Textkarten aus.**
2. **Mische alle Karten. Zu jeder Bildkarte gibt es die passende Textkarte. Finde die Paare.**
3. **Klebe die Karten richtig auf.**
4. **Lege die Bild- und Textkarten ihrer Beliebtheit nach in eine Reihe. Es gibt dabei kein richtig und kein falsch. Du kannst es selbst entscheiden.**

Diese Pflanze besitzt keine Ähre, sondern eine Rispe. An dieser Rispe sitzen kleine Ährchen, die Körner sitzen in einer Spelze und sind länglich. Die Pflanze kann bis zu 1,50 m hoch werden. Die Erntezeit ist Ende August. Dieses Getreide ist sehr nährstoffreich, hat also viele Vitamine, Mineralstoffe und Fette. Aus dem Getreide werden Flocken gemacht und auch Mehl. Früher ernährten sich viele Menschen von diesem Getreide in Form von Brei. Es wird außerdem als Tierfutter verwendet, z. B. für Pferde.	
Dieses Getreide wächst bei uns leider nicht. Es wird in Sümpfen, also im flachen Wasser, angebaut. Die Pflanze kann bis zu 1,50 m hoch werden und hat Rispen. Je nach Art benötigt eine Pflanze drei bis acht Monate, bis geerntet werden kann. Es ist ein sehr wichtiges Getreide.	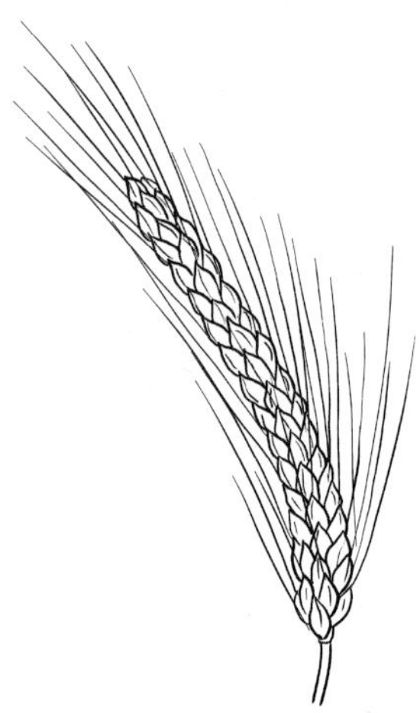
Dieses Getreide zählt zu den beliebtesten Arten, da es weißes Mehl liefert. Die meisten Getreidebauern bauen diese Art an. Es ist leicht zu erkennen, da es nur ganz kurze Grannen hat. Die Ähre ist etwas dicker und vierkantig. Die Pflanze kann eine Höhe von einem Meter erreichen. Es werden viele verschiedene Brot- und Brötchensorten aus diesem Getreide hergestellt.	

Getreidearten-Karten

Diese Getreideart ist sehr leicht an ihren langen Grannen zu erkennen. Die Grannen sind länger als die Ähre selbst, etwa 8 bis 15 cm lang. Es gibt zweizeilige und mehrzeilige Ähren. Die Körner sitzen fest in den Spelzen und sind mit ihnen verwachsen. Die Pflanze selbst wird ca. 60 cm bis 1,20 m hoch. Geerntet werden kann das Getreide im August. Es wird zur Herstellung von Bier genutzt und als Tierfutter verwendet.	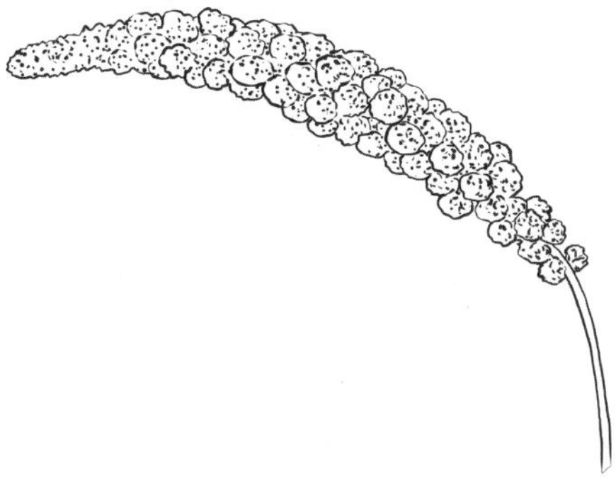
Diese Pflanze sieht ganz anders aus als die anderen Getreidearten. Sie ist sehr groß und kann bis zu drei Meter hoch werden. Die Pflanze hat am Ende des Halmes, der sehr dick ist, einen Kolben, an dem die Körner wachsen. Dieses Getreide wird bei uns überwiegend als Tierfutter verwendet, aber auch zur Herstellung von Popcorn oder Cornflakes.	
Dieses Getreide ist eine Züchtung aus Weizen und Roggen. Es ist eine ganz neue Getreideart und wurde gezüchtet, um die guten Erträge des Weizens mit den robusten Eigenschaften des Roggens zu vereinen. Das hat funktioniert. Die Erntezeit ist Ende Juli bis Anfang August. Die Ähren sind vierkantig und die Grannen sind 3–5 cm lang. Die Körner der Pflanze werden als Tierfutter verwendet.	

Dieses Getreide ist dem Weizen ähnlich. Es ist mineralstoffreich und man kann gut Brot daraus backen. Es wird als Wintergetreide angebaut und in letzter Zeit wieder sehr gerne als Alternative zum Weizen verwendet, gerade von Allergikern. Aus dem Getreide können Broten gebacken, aber auch Nudeln hergestellt werden.

Diese Getreideart ist grünlich-grau. Die Ähre ist vierkantig, hat etwas längere Grannen und ist ein wenig nach unten geneigt. Die Ähre kann 5 bis 20 cm lang werden. Die Körner des Getreides sind länglich.
Die Pflanze kann bis zu 2 m hoch werden.
Diese Getreideart ist relativ anspruchslos und wächst gut. Die Erntezeit ist von Mitte Juli bis Ende August. Das hergestellte Mehl ist etwas dunkler und es wird meist Schwarzbrot daraus hergestellt.

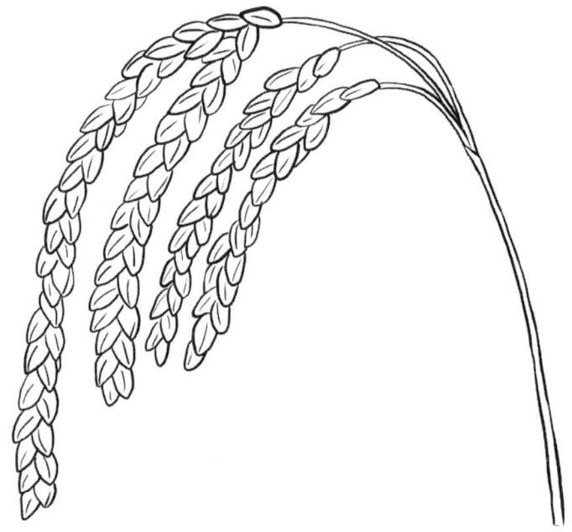

Diese Pflanze hat eine Rispe und kann bis zu einem Meter hoch werden.
Wir Menschen essen gerne einen Brei aus diesem Getreide. Außerdem wird es als Vogelfutter verwendet.

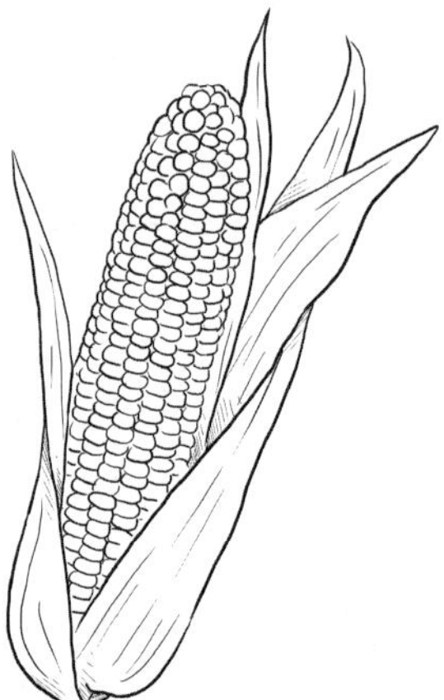

1. Lies den Text.

Wie Getreide wächst

Im Oktober und November wird das Getreide gesät. Dafür muss der Bauer das Feld erst vorbereiten, indem er es pflügt, mit der Egge glättet und dann kleine Rillen zieht, in die die Getreidekörner gelegt werden. Wenn die Körner in der Erde liegen, benötigen sie Wärme und Wasser, damit sie quellen und keimen können. Der Keimling durchbricht nach 2 bis 3 Wochen die obere Erdschicht.

Nun muss die Pflanze überwintern. Das ist weiter kein Problem, denn die Pflanze ist nicht sehr frostempfindlich. Sie stellt im Winter das Wachsen ein und benötigt sogar für ihre Ruhephase den Frost. Wenn es im Frühjahr wieder wärmer wird, wächst das Getreide weiter. Die Pflanze entwickelt unter der Erde Wurzeln und nach oben hin entsteht ein Stängel mit Fruchtknoten und Blättern. Ganz oben am Halm entsteht die Ähre.

An dieser Ähre wachsen von März bis Juni die Körner, die in einer Spelze versteckt sind. Wenn das Getreide reif ist, wird es gelb. Es ist schön anzusehen, wenn die Getreidefelder gelb leuchten. Die Pflanzen wachsen nun nicht weiter und die Körner in den Ähren beginnen zu trocknen. Nun kann der Mähdrescher das Getreide ernten. Dies geschieht, je nach Getreideart, im Juli oder August.

Der Mähdrescher schneidet die Halme ab und trennt die Körner von den Halmen. Die Halme werden als Stroh verwendet. Nachdem das Feld abgeerntet wurde, wird es nun wieder umgepflügt. Es dauert also fast ein Jahr, bis das Getreide geerntet werden kann.

Wir unterscheiden Winter- und Sommergetreide. Sommergetreide wird erst im Frühjahr gesät und kann noch im selben Jahr geerntet werden. Wintergetreide wird im Winter gesät und erst im darauffolgenden Jahr im August geerntet.

Wie Getreide wächst

2. Schaue dir den Kreislauf an.

Im Oktober und November wird das Getreide gesät. Wenn die Körner in der Erde liegen, benötigen sie Wärme und Wasser, damit sie quellen und keimen können.

Der Keimling durchbricht nach 2–3 Wochen die obere Erdschicht. Nun muss die Pflanze überwintern.

Wenn es im Frühjahr wieder wärmer wird, wächst das Getreide weiter. Die Pflanze entwickelt unter der Erde Wurzeln und nach oben hin entsteht ein Stängel mit Fruchtknoten und Blättern. Ganz oben am Halm entsteht die Ähre.

An dieser Ähre wachsen die Körner, die in einer Spelze versteckt sind. Dieses Wachsen geschieht von März bis Juni.

Wenn die Getreidearten reif sind, werden sie gelb. Die Pflanzen wachsen nun nicht weiter und die Körner in den Ähren beginnen zu trocknen. Nun kann der Mähdrescher das Getreide ernten. Dies geschieht, je nach Getreideart, im Juli oder August.

Nachdem das Feld abgeerntet wurde, wird es nun wieder umgepflügt. Es dauert also fast ein Jahr, bis das Getreide geerntet werden kann.

Wie Getreide wächst

3. Schneide die Bildkarten aus und klebe sie an die richtige Stelle im Kreislauf. 

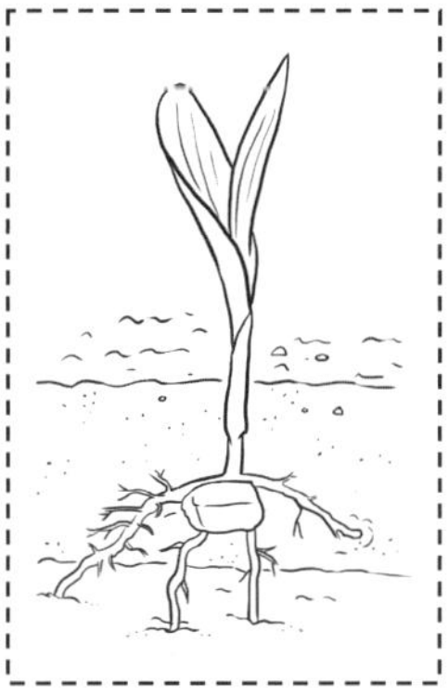

Der Anbau von Getreide früher und heute

1. Lies den Text und unterstreiche die wichtigsten Inhalte.

Getreideanbau – früher und heute

Die Arbeit der Bauern ist heute deutlich leichter. Sie benutzen für ihre Arbeit auf dem Feld schwere Maschinen. Früher war das nicht so.

Wenn früher das Getreide im Oktober und November eingesät wurde, musste alles per Hand erledigt werden. Bei der Vorbereitung des Ackers, also beim Umpflügen mit dem Pflug, halfen ein Pferd oder ein Ochse mit. Heute zieht ein Traktor den Pflug.

Die unregelmäßige Oberfläche der Erde wurde früher mit Pferd oder Ochse bearbeitet, die eine Egge zogen. Heute zieht ein Traktor die Egge.

Nach dem Glätten der Erde nutzt der Bauer heutzutage eine Drillmaschine, die die Saat auf den Boden legt und anschließend gleich mit Erde bedeckt. Früher nahm sich der Bauer einen Sack, füllte die Saat hinein und ging zu Fuß über das Feld. Dabei warf er die Körner auf das Feld.

Früher wurde das Getreide, wenn es reif war, vom Bauern mit einer Sense abgeschnitten. Einige Halme wurden auch noch mit einer Handsichel abgemäht. Die Getreidehalme wurden zusammengeharkt und zu Garben zusammengebunden. Diese Garben wurden auf das Feld gestellt, damit sie trocknen konnten. Nach dem Trocknen wurden die Garben in die Scheune transportiert und dort mit einem Dreschflegel bearbeitet. Man schlug mit einem Holzbrett auf das Getreide, damit sich das Korn aus der Ähre löste. Die übrig gebliebenen Halme wurden als Stroh für die Tiere im Stall verwendet.

Heute wird die ganze Arbeit, also das Abmähen der Halme und das Trennen der Körner von den Halmen, von einer Maschine erledigt: dem Mähdrescher. Vom Mähdrescher aus wird das Korn direkt auf einen Trecker mit Anhänger geladen.

Auch die Weiterverarbeitung der Körner unterscheidet sich heute von früher: Heutzutage werden die Körner in Fabriken mit Maschinen gemahlen oder als Tierfutter verwendet. Früher wurde das Mehl in einer Windmühle gemahlen.

2. Schneide die Bilder auf der nächsten Seite aus. Entscheide, welche Bilder zum Getreideanbau früher und welche zum heutigen Getreideanbau gehören. Bringe sie in die richtige Reihenfolge von der Aussaat bis zur Ernte.

3. Klebe sie an die richtige Stelle in der Tabelle.

Der Anbau von Getreide früher und heute

	Getreideanbau früher	Getreideanbau heute
1.		
2.		
3.		
4.		
5.		

4. Sammle Informationen zum Getreideanbau früher und gestalte ein Plakat zu diesem Thema. Vielleicht kannst du Fotos von früher finden und diese ausdrucken.

Brot – ein wichtiges Nahrungsmittel

1. Lies die Geschichte.

Das Pausenbrot

Jan und Wiebke gehen jeden Morgen gemeinsam zur Schule. Sie sind gute Freunde. In der Klasse sitzen sie nebeneinander und in der Frühstückspause teilen sie oftmals ihre Brote. Nur heute nicht, denn Wiebke mag das selbstgebackene Vollkornbrot von Jans Mutter überhaupt nicht. Jan sagt: „Nun probiere es doch mal. Es ist wirklich gesund." Wiebke ist nicht so für dunkles Brot. Sie sagt: „Nein, ich esse heute lieber mein weiches Brötchen. Darauf habe ich mehr Hunger." Sie reden noch eine Weile miteinander und kurz vor der Pause schauen sie noch einmal in die Brotdosen einiger anderer Schüler. Sie sehen Schwarzbrot, Croissants, Milchbrötchen und vieles mehr. „Es gibt ganz schön viele Brotsorten, findest du nicht?", fragt Jan. Wiebke nickt zustimmend: „Ja, das stimmt. Wenn ich mit meiner Mutter in die Bäckerei gehe, kann ich mich gar nicht entscheiden, was ich nehmen soll. Ich frage mich auch, wie lange es Brot schon gibt." Jan sieht nachdenklich aus. „Das ist eine gute Frage. Vielleicht fragen wir Frau Müller danach. Sie wird es wohl wissen." Und das machen Wiebke und Jan dann auch. Ihre Lehrerin Frau Müller berichtet, dass die Menschen das Getreide schon sehr lange zur Herstellung von Brot benutzen. Sogar schon im Alten Ägypten wurde Brot gebacken. Dafür mussten die Getreidekörner mit Steinen zermahlen werden.

Besonders häufig wurden früher flache Brote gebacken, die sogenannten Fladenbrote, die sehr hart waren, aber gut gelagert werden konnten. Erst später wurden Backtriebmittel wie Sauerteig oder Hefe entdeckt, die ein Brot aufgehen lassen und damit größer und lockerer machen.

Für uns ist das Brot zu einem sehr wichtigen Nahrungsmittel geworden. Wir können es uns gar nicht mehr vorstellen, ohne Brot zu leben. So geht es auch Jan und Wiebke und sie genießen ihre Pausenbrote.

2. Schreibe in die Tabelle, wann du am Tag Brot oder Backwaren isst. Du kannst auch eine eigene Tabelle anlegen und sie über mehrere Tage führen.

Zeit	Brotart/Backwaren

Produkte aus Getreide

1. **Schaue dir die Produkte, die aus Getreide hergestellt werden, genau an.**

2. **Schreibe an die Produkte, aus welcher Getreideart sie hergestellt werden. Manchmal werden sie aus mehreren Getreidearten hergestellt.**

Die Herstellung von Getreideprodukten in der Bäckerei

1. Lies dir das Interview mit Bäcker Michael Hansen über die Herstellung von Brot und Brötchen durch.

Wilma Waschbär: Hallo, ich melde mich heute aus der Bäckerei Hansen. Die Bäckerei ist schon sehr alt und hat eine lange Tradition.

Herr Hansen, schön, dass Sie mir für ein Interview zur Verfügung stehen. Sie haben sicherlich viel zu tun, oder?

Bäcker Hansen: Ja, Sie haben Glück, jetzt habe ich ein wenig Zeit. Ich habe meine Brötchen gerade in den Ofen geschoben.

Wilma Waschbär: Mmh! Es riecht auch schon ganz lecker. Haben Sie den Teig gerade mit Ihren Händen verrührt und geknetet?

Bäcker Hansen: Nein, das haben wir früher so gemacht. Da mussten alle Zutaten per Hand abgewogen und mit der Hand zu einem Teig verarbeitet werden. Das ist heutzutage anders. Wir erhalten die Zutaten meist schon fertig gemischt im Sack. Eine Maschine knetet den Teig und eine weitere Maschine formt die Brötchen und Brote. Sie werden dann auf Bleche gelegt. Danach müssen die Brote noch etwas ruhen und dann kommen sie in den Ofen.

Wilma Waschbär: Haben Sie auch kein Backhaus mehr und keinen alten Steinofen?

Bäcker Hansen: Nein, schon lange nicht mehr. Wir backen in großen Industrieöfen.

Wilma Waschbär: Aber manchmal sehe ich in Verkaufsräumen auch kleine Öfen, in denen Brötchen gebacken werden.

Bäcker Hansen: Ja, das stimmt. Die Teiglinge werden in Großbäckereien hergestellt, zum Teil tiefgefroren und dann geliefert. Diese werden dann in den kleinen Öfen gebacken.

Oh, ich muss jetzt zu meinen Brötchen. Sie sind jetzt fertig. Wenn Sie möchten, können Sie gerne ein paar mitnehmen.

Wilma Waschbär: Oh, herrlich! Es gibt nichts Besseres als frisch gebackene Brötchen!

2. Schneide Text- und Bildstreifen auf der nächsten Seite aus.

3. Ordne den Bildern die entsprechenden Texte zu.

4. Klebe die jeweiligen Textkarten auf die Rückseite des passenden Bildes.

5. Klebe die Bilder zu einem Leporello zusammen. Beachte die richtige Reihenfolge.

6. Falte das Leporello.

7. Gehe zu einem Bäcker und informiere dich über die Herstellung von Brötchen.

Große Bäckereien werden mit Backmischungen beliefert.

Zu diesen Backmischungen, die in eine Schüssel gegeben werden, muss nur noch Wasser hinzugegeben werden.

Eine Maschine knetet den Teig.

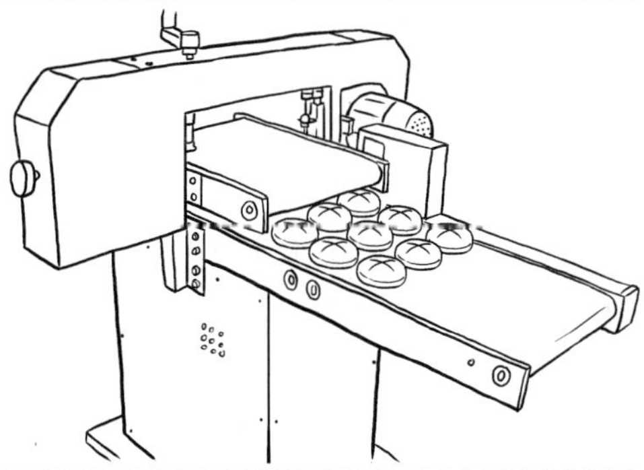

Aus diesem Teig formt eine weitere Maschine Brot und Brötchen, die auf Bleche gelegt werden.

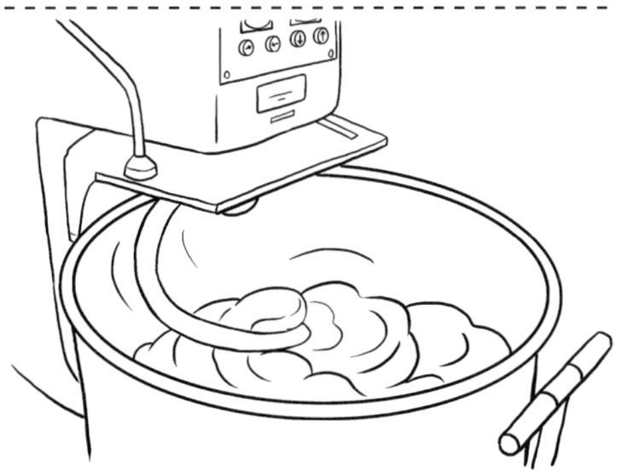

Diese Bleche werden in den Ofen geschoben. Dort werden die Brötchen gebacken.

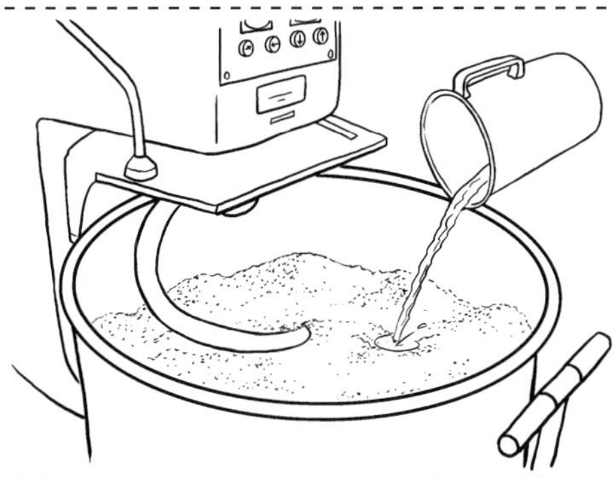

Keimversuch mit Getreide

Ihr braucht:

- mehrere kleine Schalen
- Wasser
- Watte
- Körner verschiedener Getreidearten, z.B. Weizen, Roggen, Gerste

So geht es:

1. Legt mehrere Schalen mit Watte aus. Feuchtet die Watte mit etwas Wasser an.
2. Legt in jede Schale je eine Getreidekörnerart, z. B. in die eine Schale Weizenkörner und in die andere Schale Roggenkörner oder Gerstenkörner.
3. Stellt die Schalen nahe an ein Fenster.
4. Beobachtet die Getreidekörner. Schreibt in die Tabelle, was ihr seht. Zeichnet auch jeweils ein Bild dazu.

Tag	Beobachtung	Zeichnung
1		
2		
3		
4		
5		

Verschiedene Mehltypen

1. Lies den Text.

Es gibt verschiedene Mehltypen. Auf einigen Verpackungen lassen sich Bezeichnungen finden wie Typ 405, Typ 550 oder Typ 1050. Diese Bezeichnungen sollen uns zeigen, wie hoch der Mineralstoffgehalt in diesem Mehl ist. Je höher die Zahl, desto mehr Mineralstoffe sind im Mehl vorhanden.

Mehl mit der Bezeichnung Typ 405 ist sehr hell und wird ohne Schale fein gemahlen. Vor dem Mahlvorgang werden die Schale und der Keim entfernt. Mehl mit der Bezeichnung Typ 1050 ist ein etwas dunkleres Mehl und hat gröbere Anteile.

Wenn das volle Korn gemahlen wird, also wenn die Schale nicht entfernt wird, dann spricht man von Vollkornmehl. Die Schale wird hierbei mitgemahlen. In diesem Mehl befinden sich sehr viele Vitamine, Ballaststoffe, Öle und Mineralstoffe. Leider ist das Vollkornmehl nicht so lange haltbar wie weißes Mehl, da es fetthaltiger ist, weil der Keim mitgemahlen wird.

2. Beantworte die Fragen.

a) Warum stehen verschiedene Typbezeichnungen auf den Mehlverpackungen?

____

____

b) Warum ist das Mehl Typ 405 heller als das Mehl Typ 1050?

____

____

c) Warum ist Vollkornmehl so dunkel?

____

____

____

____

d) Welches Mehl ist zum Backen und Kochen eigentlich besser? Begründe deine Meinung.

____

____

____

____

e) Magst du lieber Backwaren aus hellem Mehl oder aus Vollkornmehl? Begründe deine Aussage.

____

____

____

____

____

3. Sammelt Produkte aus Getreide, die zum einen aus Weißmehl und zum anderen aus Vollkornmehl hergestellt werden. Ein Beispiel hierfür sind Nudeln. Ihr könnt eine Geschmacksprobe durchführen oder eine Ausstellung zu diesen Produkten machen.

Getreide-Rechnereien

Helles Brötchen	0,40 €
Brezel	0,90 €
Croissant	0,70 €
Weißbrot	1,50 €
Vollkornbrot	3,50 €
Rosinenschnecke	0,90 €
Muffin	1,20 €
Kuchen/Stück	1,80 €

1. Deine Mutter schickt dich zum Bäcker, um einige Backwaren zu kaufen. Sie möchte, dass du zwei Stücke Kuchen kaufst, drei normale Brötchen, ein Vollkornbrot und zwei Muffins. Sie gibt dir 10 Euro mit. Reicht das Geld?

____

____

____

2. Was musst du bezahlen, wenn du zwei Rosinenschnecken, ein Weißbrot, drei Brezeln und zwei Croissants kaufst?

____

____

____

3. Aus einem halben Kilogramm Mehl backt deine Mutter 12 Brötchen. Wie viele Brötchen backt deine Mutter aus 1,5 Kilogramm Mehl und aus 2 Kilogramm Mehl?

____

____

____

4. Erfinde selbst kleine Rechengeschichten. Schreibe sie auf die Rückseite des Blattes.

Haferstangen

Du brauchst:

250 g kernige Haferflocken
200 ml Milch
1 Eigelb
grobes Meersalz
etwas Sesam
350 g Mehl
125 g Butter
Teelöffel Salz
verschiedene Kräuter

So geht es:

Backofen auf 180 °C vorheizen.

Milch, Haferflocken, Mehl, Butter, Salz und Kräuter in eine Schüssel geben und mit dem Handrührgerät mit Knethaken zu einem Teig verarbeiten. Den Teig auf Backpapier mit einem Nudelholz ca. 1 cm dick ausrollen. Das Eigelb in eine kleine Schüssel geben, verquirlen und mit dem Backpinsel den Teig damit bestreichen. Mit einem Teigschneider oder einem Messer lange Streifen schneiden, diese mit Sesam, grobem Meersalz oder Haferflocken bestreuen.

Die Teigstangen in den Backofen schieben und 40 Minuten backen.

Stockbrot

Du brauchst:

500 g Mehl
1 Paket Trockenhefe
350 ml lauwarmes Wasser
3 Teelöffel Salz
3 Teelöffel Zucker

So geht es:

Mehl, Salz, Zucker und Hefe in eine Schüssel geben und vermischen. Dann langsam das lauwarme Wasser dazugeben. Der Teig muss nun gut mit den Knethaken des elektrischen Handrührgerätes geknetet werden. Danach muss der Teig eine Weile ruhen.

Ihr benötigt nun lange Stangen, die ihr mit dem Brotteig umwickelt. Formt dazu kleine Würste, die ihr um die Stangen legt. Haltet das Stockbrot nun in eine offene Flamme, zum Beispiel am Lagerfeuer, und backt es dort.

Getreide-Domino

1. **Schneide die Domino-Karten aus und mische sie.**
2. **Spiele das Domino allein oder mit einem Partner.**

START	Mähdrescher		Hafer
	Sense		Dreschflegel
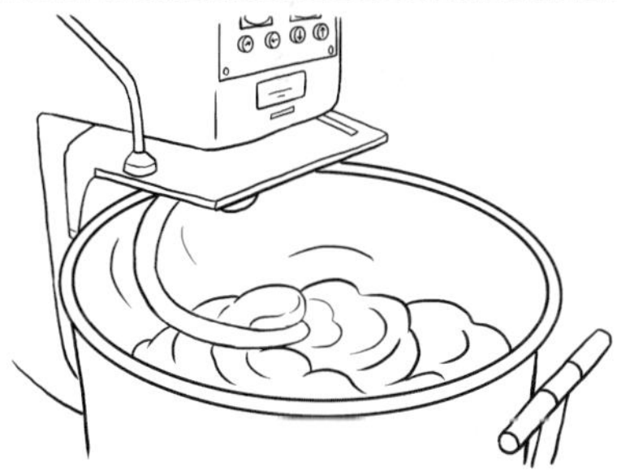	Vollkornbrot		ENDE
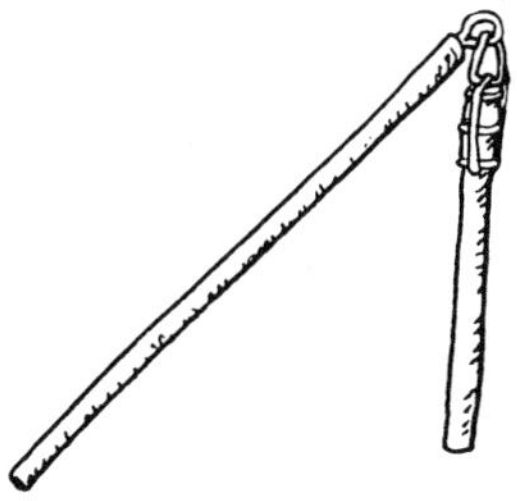	Roggen		Weizen
	Hirse		Getreide wird gesät
	Mais	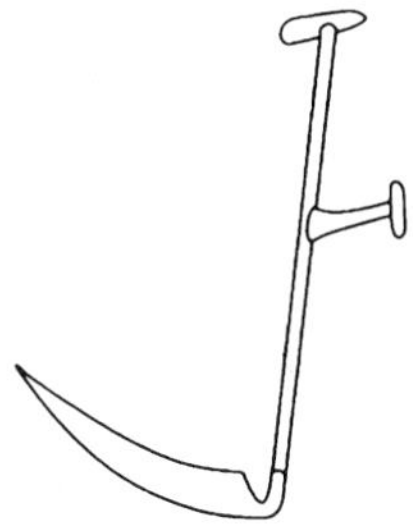	Teigmaschine

Getreide-Rätsel

1. Lies dir die Fragen durch und beantworte sie. 

2. Wenn du alles richtig beantwortet hast, erhältst du ein Lösungswort.

1. Welche Getreideart ist in Deutschland besonders beliebt?
2. Welche Getreideart wächst bei uns nicht?
3. Welche Getreideart sieht ganz anders aus als die anderen Getreidearten?
4. Welche Maschine mäht und drischt gleichzeitig?
5. Welches Mehl ist das gesündeste Mehl?
6. Womit wurde früher das Getreide von den Halmen getrennt?
7. Wo wird heutzutage Mehl gemahlen?
8. Was schützt das Innere eines Getreidekorns?
9. Was gibt dem Halm der Getreidepflanze Halt?
10. Was wächst bei einigen Getreidearten an der Spelze?
11. Womit hält sich der Halm in der Erde fest?

1.		2													
2.	4														
3.		9													
4.						5									
5.			13												
6.	7														
7.					6										
8.						8									
9.		3										11			
10.	1														
11.			10		12										

Lösungswort:

1	2	3	4	5	6	7	8	9	10	11	12	13

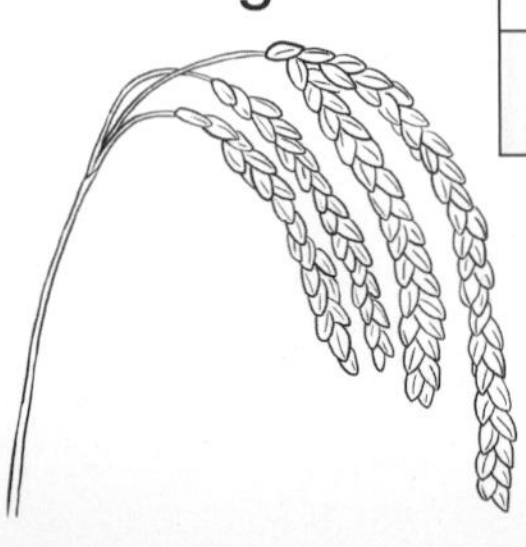

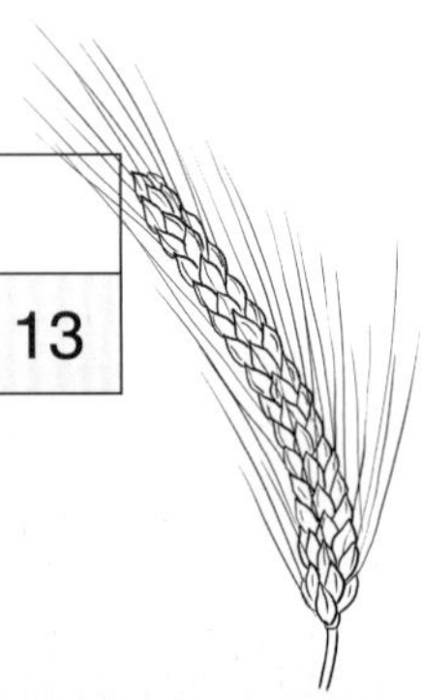

Spielideen mit Bildkarten

1. **Schneide die Bildkarten aus.**
2. **Suche dir gemeinsam mit einem Partner ein Spiel von den unten genannten Spielideen aus.**
3. **Spielt das Spiel.**

Mischt die Karten und legt einen verdeckten Stapel in die Mitte. Zieht nun nacheinander eine Karte. Wenn ihr das, was auf der Karte zu sehen ist, benennen könnt, dürft ihr die Karte behalten. Es gewinnt derjenige, der die meisten Karten hat.

Legt alle Spielkarten verdeckt auf den Tisch. Legt vorher fest, ob ihr alle Bilder zu den Getreidearten oder alle Bilder zur Getreideernte sammeln wollt. Zieht nacheinander eine Karte und sammelt die passenden weiteren Karten, die zu diesem Bereich passen. Derjenige, der die meisten Karten hat, gewinnt.

Sammelt alle Getreidearten.

Wählt der Reihe nach eine Bildkarte aus und erklärt das Bild ausführlich. Wenn die Mitspieler der Meinung sind, dass alles richtig war, erhält man die Karte.

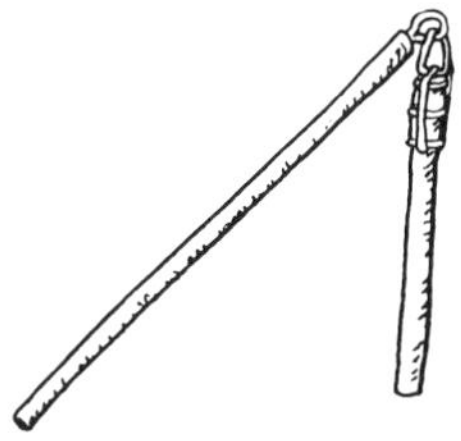
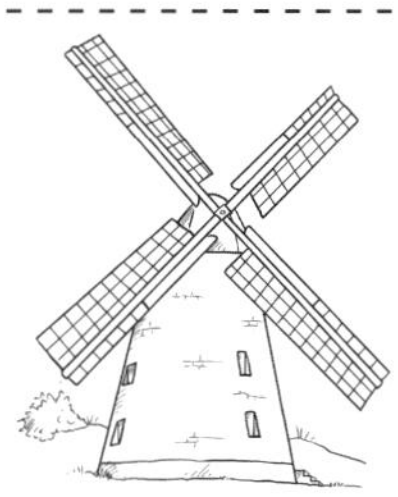

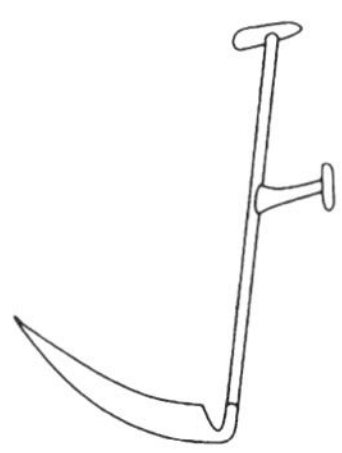
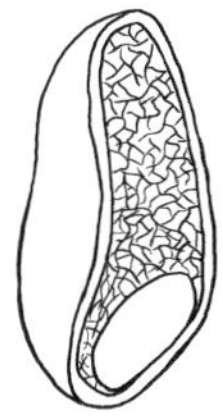

Quiz für zwei

1. **Schneidet die Kärtchen aus.**
2. **Lest euch gegenseitig die Fragen vor. Wenn einer von euch die Frage richtig beantwortet hat, bekommt er die Karte und eine weitere Frage wird gestellt. Man darf so lange Fragen beantworten, bis man einen Fehler macht. Dann wird die Frage dem nächsten Spieler gestellt.**
3. **Gewonnen hat derjenige, der die meisten Karten richtig beantwortet hat.**
4. **Schreibt auf die leeren Karten eigene Fragen und spielt das Quiz weiter.**

Welche Getreidesorten haben keine Ähren, sondern Rispen?

Die Getreidesorten Hafer, Reis und Hirse haben Rispen.

Früher wurden die Getreidehalme mit einer … abgemäht.

Sense

Heute erntet man Getreide mit einem …

… Mähdrescher.

Was befindet sich im Inneren eines Korns?

Im Inneren eines Korns befinden sich der Mehlkörper und der Keimling.

Welche Getreideart ist dem Weizen ähnlich?

Die Getreideart, die dem Weizen ähnlich ist, heißt Dinkel.

Warum ist Mehl vom Typ 405 heller als Mehl vom Typ 1050?

Beim Mehl vom Typ 405 wird vor dem Mahlen die Schale entfernt.

Was wächst beim Getreide oben am Halm?

Oben am Halm wächst die Ähre.

Welches Getreide ist die beliebteste Getreideart in Deutschland?

Die beliebteste Getreideart ist Weizen.

Welche Getreideart wird auch als Vogelfutter verwendet?

Hirse wird auch als Vogelfutter verwendet.

Woraus stellen die meisten Bäckereien ihre Brote und Brötchen her?

Sie stellen sie aus Teigmischungen her.

Was benötigen Getreidekörner, wenn sie in der Erde liegen und keimen sollen?

Die Körner benötigen zum Keimen Wärme und Wasser, damit sie quellen können.

Wann wird Wintergetreide ausgesät?

Wintergetreide wird im Herbst ausgesät.

Welche Brote wurden früher besonders häufig gebacken?

Früher wurden überwiegend Fladenbrote gebacken, weil sie lange haltbar waren.

Wie heißt die Getreideart, die aus zwei Pflanzen gezüchtet wurde?

Die Züchtung aus zwei Getreidearten, nämlich aus Roggen und Weizen, heißt Triticale.

Wann wird Sommergetreide ausgesät?

Sommergetreide wird im Frühjahr ausgesät.

Wie wurden die Getreidekörner früher gemahlen?

Die Getreidekörner wurden früher in einer Mühle zwischen großen Mahlsteinen gemahlen.

Aktionen rund um das Thema „Getreide“

Ausstellungstisch

Sucht alles, was ihr zum Thema „Getreide“ finden könnt, zusammen und bereitet eine kleine Ausstellung vor. Mögliche Ideen: Getreidesorten, Backwaren, kleine Mühlen, gemahlene Getreidesorten, Backbücher …
Beschriftet alles mit kleinen Schildchen.

Getreide anbauen

Füllt Blumentöpfe mit Erde und legt ein paar Weizenkörner auf die Erde. Die Körner müssen ein wenig mit Erde bedeckt werden.
Gießt die Körner und sorgt dafür, dass die Erde immer feucht ist. Am besten stellt ihr die Töpfe auf eine Fensterbank. Beobachtet das Wachstum der Pflanzen.

Brötchen backen und gemeinsam frühstücken

Sucht euch ein Brötchenrezept aus, backt diese Brötchen und frühstückt anschließend gemeinsam.
Denkt daran, Marmelade, Butter, Käse, frisches Obst usw. mitzubringen.

Eine Mühle besuchen

Besucht eine Mühle und interviewt den Müller. Vielleicht gibt es eine Mühle in eurer Nähe.

Eine Bäckerei besuchen

Besucht mit eurer Klasse eine Bäckerei. Interviewt einen Bäcker über seinen Alltag. Vielleicht könnt ihr in der Bäckerei mithelfen, Brot zu backen.

Korn mahlen

Bringt eine Hand-Kaffeemühle mit und mahlt Getreidekörner mit der Hand. Vielleicht schafft ihr es ja auch, Getreide mit zwei Steinen zu mahlen?

Getreidepflanzen fühlen

Legt verschiedene Getreidepflanzen in einen Fühlsack. Greift nun mit der Hand vorsichtig in den Sack und erfühlt die Pflanzen. Ratet, welche Pflanze ihr gerade in der Hand habt, zieht sie vorsichtig aus dem Beutel und prüft nach, ob ihr recht hattet.

Brot oder Brötchen backen und in der Schule verkaufen

Sucht euch ein Brotrezept und ein Brötchenrezept aus und backt einige Brote und Brötchen. Baut einen kleinen Verkaufstresen in eurer Pausenhalle auf und verkauft die von euch selbst hergestellten Backwaren in der Pause.

Lernzielkontrolle

Name: ______________________ Datum: ____________

1. Nenne drei Nahrungsmittel, die aus Getreide hergestellt werden.

____

2. Beschrifte die Getreidepflanze.

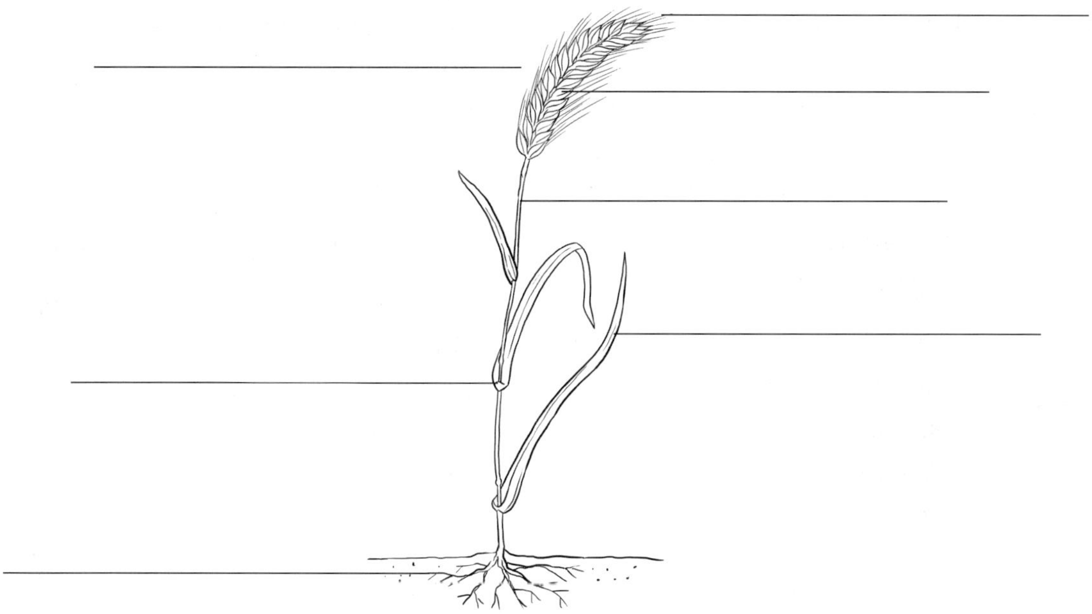

3. Gib den vier wichtigsten Getreidearten ihre Namen.

________ ________ ________ ________

4. Welches Mehl ist am gesündesten? Begründe, warum das so ist.

____

____

____

5. Beschrifte das Getreidekorn.

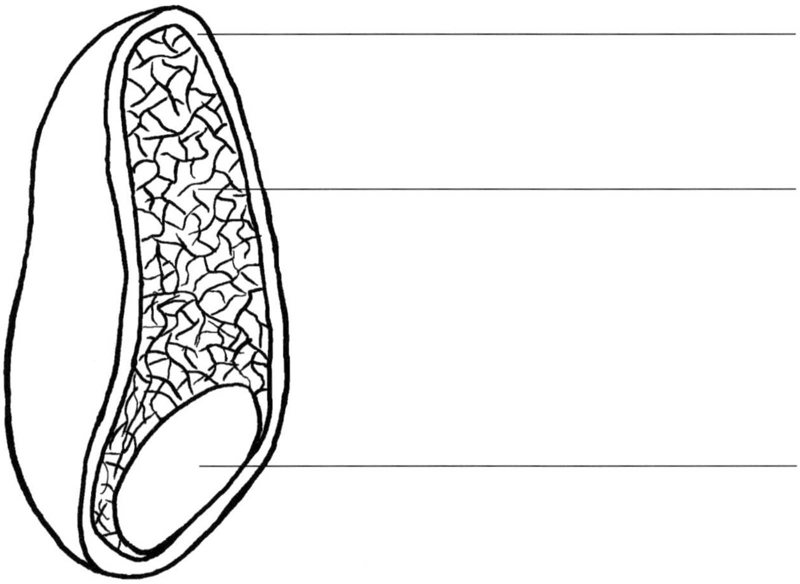

6. Der Anbau des Getreides geschieht in einer bestimmten Reihenfolge. Schreibe die Reihenfolge auf.

Fachbegriffe zum Thema „Getreide“

Begriff	Erklärung
Dinkel 	**Aussehen:** • bis 1,80 m hoch **Ernte:** von Mitte bis Ende August **Verwendung:** als Alternative zum Weizen
Gerste 	**Aussehen:** • Grannen sind länger als die Ähre, etwa 8 bis 15 cm lang • zweizeilige und mehrzeilige Ähren • ca. 60 cm bis 1,20 m hoch **Ernte:** im August **Verwendung:** Herstellung von Bier • Tierfutter
Hafer 	**Aussehen:** • Rispe statt Ähre • bis zu 1,5 m hoch **Ernte:** Ende August **Verwendung:** Haferflocken, Mehl • Tierfutter
Hirse 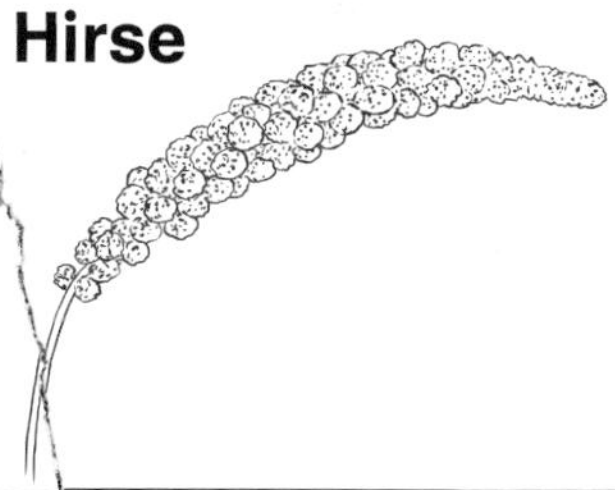	**Aussehen:** • Rispe statt Ähre • bis zu einem Meter hoch **Ernte:** im September **Verwendung:** z. B. als Nahrungsmittel (Brei) • Vogelfutter
Mais 	**Aussehen:** • ähnelt den anderen Getreidearten nicht • sehr groß, bis zu drei Meter hoch • am Ende des Halmes befindet sich ein Kolben, an dem die Maiskörner wachsen **Ernte:** im September und Oktober **Verwendung:** z. B. Popcorn oder Cornflakes • Tierfutter
Reis 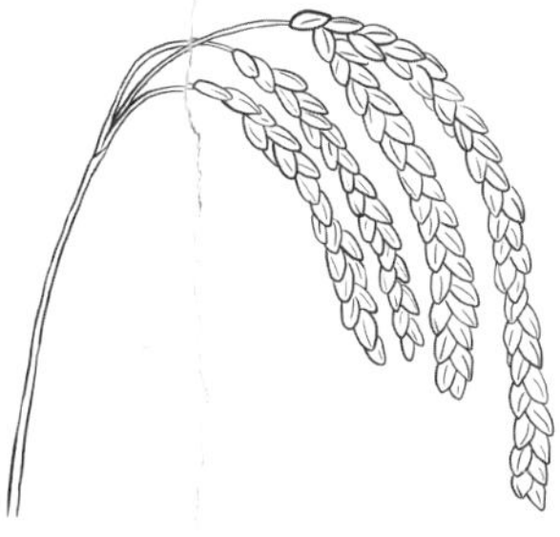	**Aussehen:** • bis zu 1,50 m hoch • Rispe statt Ähre **Anbau und Ernte:** • Reis wächst bei uns nicht, er wird in Sümpfen, also im flachen Wasser, angebaut • Je nach Reisart benötigt eine Pflanze drei bis acht Monate, bis der Reis geerntet werden kann. **Verwendung:** Nahrungsmittel, gekocht als Beilage

Fachbegriffe zum Thema „Getreide“

Begriff	Erklärung
Roggen 	**Aussehen:** • grünlich-grau, die Ähre ist vierkantig und sie hat etwas längere Grannen • die Ähre ist ein wenig nach unten geneigt • die Ähre kann 5 bis 20 cm lang werden • die Pflanze kann bis zu 2 m hoch werden **Ernte:** von Mitte Juli bis Ende August **Verwendung:** Das aus Roggen hergestellte Mehl ist etwas dunkler und wird überwiegend zur Herstellung von Brot verwendet.
Triticale 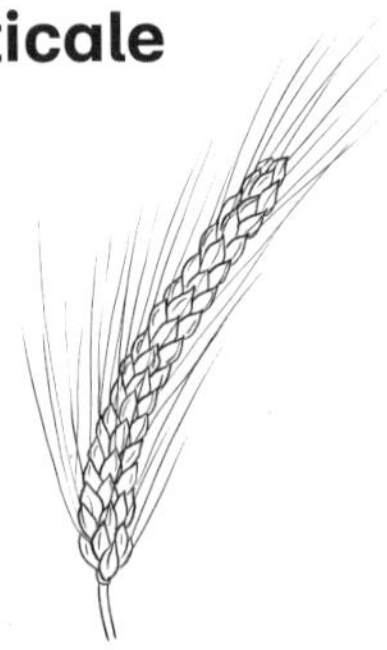	**Aussehen:** • Züchtung aus Weizen und Roggen, daher beiden optisch ähnlich • vierkantige Ähren und 3 bis 5 cm lange Grannen • 50 cm bis 1,25 m hoch **Ernte:** von Ende Juli bis Anfang August **Verwendung:** Tierfutter
Weizen 	**Aussehen:** • ganz kurze Grannen • die Ähre ist etwas dicker und vierkantig • in jeder Ähre wachsen 20 bis 40 Körner • die Pflanze kann eine Höhe von einem Meter erreichen **Ernte:** im Juli und August **Verwendung:** Herstellung vieler verschiedener Brot- und Brötchensorten

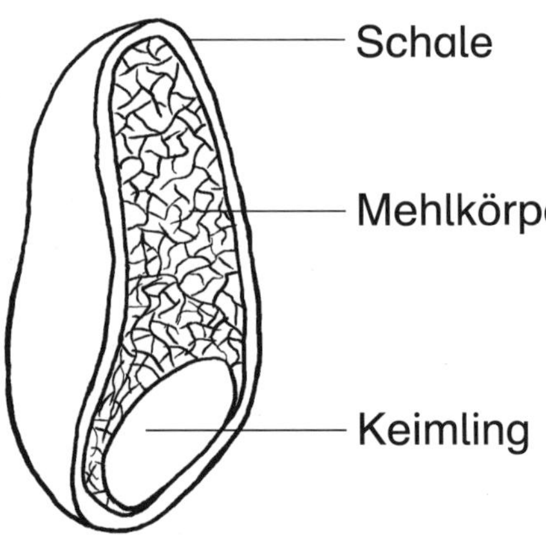

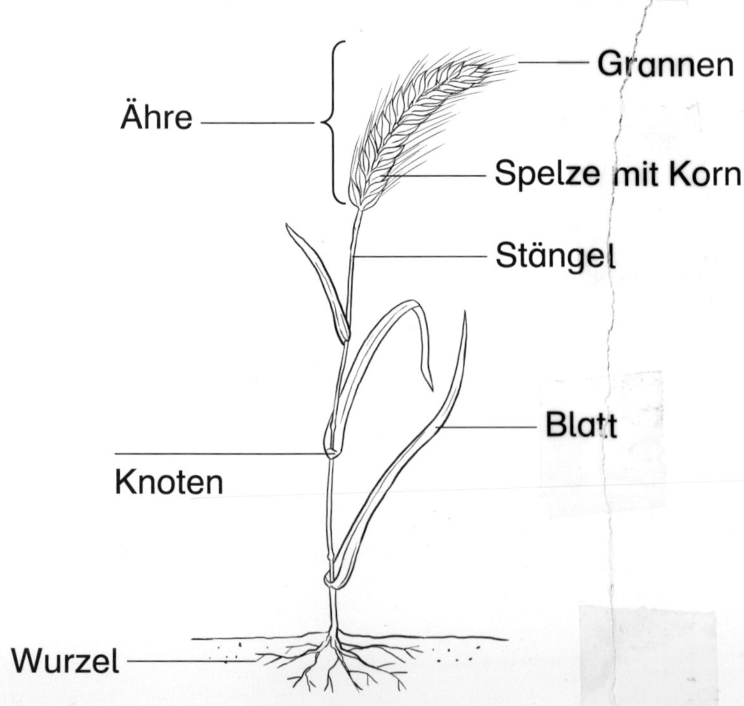